# 給孩子的趣味中國史

明

陳麗華　主編　　　　蒙陽　繪

中華教育

# 給孩子的趣味中國史

明

陳麗華 主編　　　　蒙陽 繪

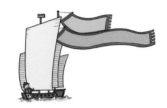

責任編輯　　　　王　玫
裝幀設計　　　　綠色人
排　　版　　　　陳美連
印　　務　　　　劉漢舉

出版　中華教育

香港北角英皇道 499 號北角工業大廈 1 樓 B
電話：(852) 2137 2338　傳真：(852) 2713 8202
電子郵件：info@chunghwabook.com.hk
網址：http://www.chunghwabook.com.hk

發行　香港聯合書刊物流有限公司

香港新界荃灣德士古道 220-248 號荃灣工業中心 16 樓
電話：(852) 2150 2100　傳真：(852) 2407 3062
電子郵件：info@suplogistics.com.hk

印刷　美雅印刷製本有限公司

香港觀塘榮業街 6 號海濱工業大廈 4 字樓 A 室

版次　2019 年 11 月第 1 版第 1 次印刷
　　　2021 年 4 月第 1 版第 2 次印刷

©2019 2021 中華教育

規格　16 開 (205mm x 170mm)

ISBN　978-988-8674-15-2

目錄

# 身懷「笑料」的任性皇帝

中國的歷史長河中有不少朝代，但沒有哪個朝代能像明朝那樣，皇帝一個比一個任性。明朝的皇帝除了治理朝政外，很多都身懷「笑料」，想知道他們的「事跡」嗎？趕快跟我去看看吧！

開國皇帝

別殺我，皇位給你！

篡位皇帝

情聖皇帝

將軍皇帝

修道的皇帝

摳門皇帝

木匠皇帝

秦始皇

還好奏章用的都是紙！

## 「拼命三郎」皇帝

朱元璋出身貧寒，當過和尚，做過乞丐。從軍後，他從不起眼的小兵慢慢成為領軍人物，最終建立了明朝。

## 胖子皇帝

洪熙皇帝朱高熾（chì）身材肥胖，需要兩個人攙扶着才能走路。他在位不到一年，就因病猝死。

我的皇兒怎麼如此胖！

參見父皇。

## 愛養蟋蟀的皇帝

宣德皇帝朱瞻（zhān）基從小就喜歡鬥蟋蟀，簡直到了癡迷的程度。當上皇帝後，他還下令各地進貢上等的蟋蟀供其玩樂。

4

### 戀母的皇帝

成化皇帝朱見深從小由比自己大 17 歲的宮女萬貞兒照顧，兩人感情很好。朱見深當上皇帝後，封萬貞兒為貴妃。

### 修道的皇帝

嘉靖（jìng）皇帝朱厚熜（cōng）崇信道教，幾乎一生都沉迷於修道，以求長生不老。

青詞

### 貪玩的皇帝

正德皇帝朱厚照喜歡玩，他在皇城裏為自己打造了一座專門的享樂場所。

> 陛下，這份奏章……

> 沒看我正忙着嗎？你自己看着辦吧！

### 木匠皇帝

天啟皇帝朱由校從小喜歡做木工，他的木工活就連木匠都稱讚不已。平時只要不上朝，他就做木工，有時還會把自己做的木頭玩具賞給侍從和大臣。

> 陛下！快上朝吧，別盯着錢看了！

> 皇后，朕只愛你一個！

> 好羨慕呀。

### 摳門皇帝

萬曆皇帝朱翊（yì）鈞不光愛財，還是個守財奴。平時他總琢磨怎麼掙錢，搜刮來的銀子也捨不得用，以至於放在府庫裏太久都變黑了。

### 情聖皇帝

弘治皇帝朱祐樘（chēng）的後宮裏只有張皇后，沒有其他嬪妃。他們兩人感情深厚，十分恩愛，這在歷史上是極其少見的。

# 「乞丐皇帝」朱重八

朱元璋原名朱重八，出生在一個貧苦家庭，曾做過放牛娃、和尚，後來通過起義推翻元朝，建立了明朝。自此，中國歷史進入了一個新的階段。

從放牛娃到一國之君

### 敵人，你別跑！

朱元璋稱帝前，陳友諒是他最大的敵人。為了爭奪江山，雙方展開了激烈的較量，最終朱元璋戰勝了陳友諒。

### 大腳賢妻馬皇后

在女人都裹小腳的封建社會，朱元璋的皇后馬氏堅持不纏足，因此被稱為「大腳馬皇后」。朱元璋和馬皇后感情非常好，馬皇后去世後，朱元璋為了紀念她，不再續立皇后。

### 明軍北伐

朱元璋稱帝後，派徐達率領大軍北伐中原。明軍勢如破竹，輕鬆攻佔元大都，元順帝北逃。

元大都

有趣的名字

朱瞻基
朱祁鎮　朱祁(qí)鈺(yù)　朱翊鈞
朱由校
朱棣
朱由檢
朱祐樘
朱載垕(hòu)
朱高熾　朱厚照
朱見深　朱常洛
朱厚熜

明朝皇帝的名字裏都帶有「五行偏旁」，分別代表金、木、水、火、土。

南京國子監

原名國子學，後改名為國子監，是明初國家的最高學府。

白話聖旨

由於家境貧窮，朱元璋小時候沒有讀過甚麼書，他當了皇帝後，寫的聖旨都是大白話。

皇上派我來警示你們，不要貪污！

官衙院落裏的「警」字碑

「四菜一湯」的來歷

朱元璋是個非常節儉的皇帝，他規定群臣設宴請客時，不能超過「四菜一湯」的標準。

來來來，大家別客氣，儘管吃！

太摳門了吧！這怎麼下筷呀！

7

# 哎，伴君如伴虎

朱元璋當上皇帝後，為了加強皇權，不但對開國功臣們大開殺戒，還殘酷地壓制官員，尤其是在懲治貪官污吏方面，更是殘忍至極。明朝時做官，似乎就是拿生命在開玩笑。

《大明律》
中國歷史上的重要法典，其條文簡單而又嚴酷。

看天下人誰敢惹朕不高興，哼！

### 膽戰心驚地去上朝
朱元璋對官員很殘忍，制定了很多嚴酷的刑罰，以至於官員們每天上朝前都要跟妻子兒女訣別，直到散朝後平安回到家，才慶幸自己又多活了一天。

明朝皇帝都姓朱，與「豬」同音。因此，明朝時稱豬為「豕（shǐ）」。

### 文字獄
朱元璋大興文字獄，凡是說了或寫了被認為有損皇帝尊嚴、違背皇帝旨意的言論或文字的人，一律會被處以極刑。

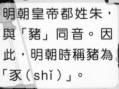

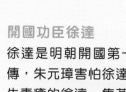

## 開國功臣徐達

徐達是明朝開國第一功臣，為人謹慎，善於治軍。據傳，朱元璋害怕徐達的勢力威脅到自己，於是賜給背部生毒瘡的徐達一隻蒸鵝，讓徐達吃下去。結果，徐達病情加重，不久就死了。

徐達

劉伯溫

## 「傳奇軍師」劉伯溫

劉伯溫為輔佐朱元璋登上皇位，屢出奇謀。後來，劉伯溫拒絕做丞相，並提出告老還鄉以求自保，但最後還是沒有逃過朱元璋的迫害。

你當年勾結胡惟庸，意圖謀反……

明明退休了還要被算舊賬，好慘呀！

胡惟庸

李善長

## 丞相胡惟庸

胡惟庸是朱元璋任命的第四任丞相，因被疑叛亂，被朱元璋處死。從此，丞相制也被廢除。

## 藍玉案

藍玉是明朝開國大將，戰功僅次於常遇春、徐達，後因謀反罪被殺，史稱「藍玉案」。

我藍玉為大明出生入死，你怎麼可以這樣？！

9

# 叔姪相爭從來不是新鮮事

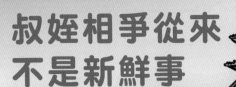

陛下，藩王勢力太大可不好！

臣提議立馬削藩！

## 削藩，先拿誰開刀？

建文帝是朱元璋所立的皇太孫，他即位後發愁如何制服這幫位尊勢大的叔叔們，於是想出削藩的法子。他先後削去了幾位藩王的封爵，但他的四叔燕王朱棣卻早有準備。

## 叔姪倆的對決

朱棣打着「靖難」的旗號起兵，和建文帝兵戎相見，史稱「靖難之役」。最後，朱棣打敗了建文帝，登上皇位，改年號為永樂。歷時 4 年的戰爭就此結束。

### 南京皇城守衞銅牌

專供明朝初期南京皇城的守衞者佩帶，現藏於中國國家博物館。

### 火龍出水

發明於明朝中期，用於攻擊敵人的艦船，是世界上最早的二級火箭。

### 虎頭木牌

一種用盾牌改造而成的火器。

## 被滅十族的方孝孺

方孝孺是明朝初期名聞天下的大儒，其學識、品德名冠當時。後來，他因拒絕為朱棣起草即位詔書而被處死。

## 能文能武的徐皇后

徐皇后是開國功臣徐達的女兒，她能文能武，曾在朱棣起兵時，組織將士、百姓及家眷守衛北平城。在她去世後，朱棣再也沒有立新皇后。

## 《永樂大典》

由朱棣下旨組織編纂（zuǎn），被稱為「世界有史以來最大的百科全書」。

## 百年懸案——建文帝的下落

靖難之役後，建文帝下落不明。有人說他在宮中自焚而死，有人說他從地道逃走了。建文帝的下落，至今仍是一個謎。

## 大報恩寺琉璃寶塔

據說是朱棣為紀念生母所建，是「中世紀世界七大奇跡」之一，被稱為「天下第一塔」，後毀於戰亂。

陛下，快逃吧！

# 遷新都，蓋新宮

朱棣當上皇帝後，下令從南京遷都到北京，並準備在北京建造新皇宮。建新皇宮不僅需要建造數不清的宮殿，還要用最好的材料，聽上去就很不容易！

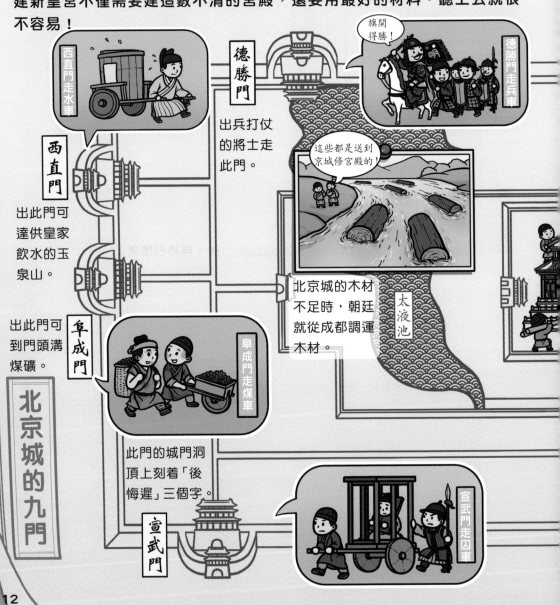

**西直門走水車**

**德勝門**

旗開得勝！

明

**德勝門走兵車**

**西直門**

出兵打仗的將士走此門。

出此門可達供皇家飲水的玉泉山。

這些都是送到京城修宮殿的！

北京城的木材不足時，朝廷就從成都調運木材。

**太液池**

出此門可到門頭溝煤礦。

**阜成門**

**阜成門走煤車**

**北京城的九門**

此門的城門洞頂上刻着「後悔遲」三個字。

**宣武門**

**宣武門走囚車**

## 九門走九車

當時的北京城，光內城就有九座城門，每座城門都有不同的用途，也就是俗話所說的「九門走九車」。

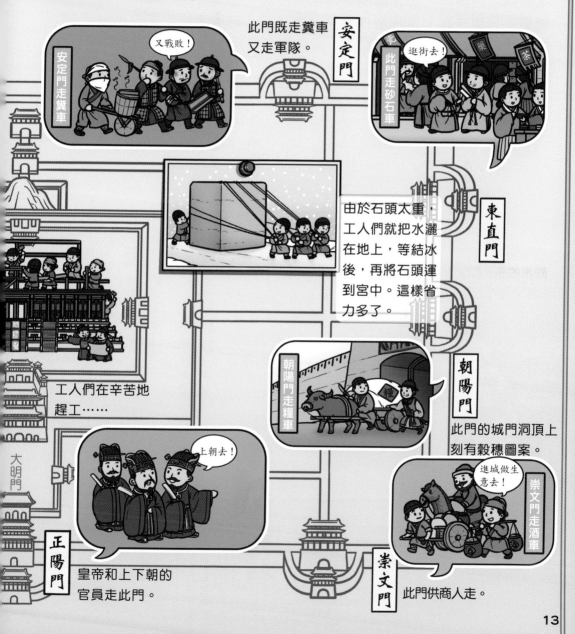

此門既走糞車又走軍隊。

安定門

又戰敗！

安定門走糞車

逛街去！

此門走砂石車

由於石頭太重，工人們就把水灑在地上，等結冰後，再將石頭運到宮中。這樣省力多了。

東直門

工人們在辛苦地趕工……

朝陽門走糧車

朝陽門

此門的城門洞頂上刻有穀穗圖案。

上朝去！

進城做生意去！

崇文門走酒車

正陽門

皇帝和上下朝的官員走此門。

崇文門

此門供商人走。

大明門

# 錦衣衞：皇帝的「私人警探」

朱元璋生性多疑，為了加強對百官的控制，他成立了一個特殊的機構——錦衣衞。錦衣衞作為皇帝的耳目，可以逮捕包括皇親國戚在內的任何人，並自行審訊，簡直就是皇帝的「私人警探」。

我沒有！

你造反！

### 錦衣衞升職記
錦衣衞為了向皇帝表功，經常濫殺無辜、製造冤案，導致當時的官員人人自危、小心翼翼。

### 錦衣衞
其首領被稱為指揮使，由皇帝的親信武將擔任。

看我的厲害！

### 三朝才子解（xiè）縉的下場
曾主持纂修《永樂大典》的一代才子解縉，不幸捲入皇帝家人的爭鬥中，最後被錦衣衞的首領紀綱埋在積雪裏活活凍死。

### 擁有自己的監獄
錦衣衞後來有了自己的監獄，那裏曾關滿了無辜的人。

替皇帝鏟除「眼中釘」

掌管廷杖

禁止私自淨身，通通抓起來！

拘捕私自淨身者

養大象

## 廢除錦衣衛制度

錦衣衛濫用職權引得人們強烈不滿，於是朱元璋在穩固地位後，下令焚毀錦衣衛的刑具，並將牢裏的囚犯都交給刑部處理，錦衣衛被廢除。直至朱棣當上皇帝，錦衣衛才又被恢復。

# 鄭和的西洋大冒險

為了向外國展示明朝的強大，朱棣命鄭和七下西洋，舉行大規模的遠洋航行。鄭和七下西洋歷時 28 年，到過 30 多個國家，最遠達非洲東海岸和紅海沿岸，達到了當時世界航海事業的頂峰。

船上的生活有時很無聊，船員們為了解悶，有時會打麻將，後來這種娛樂活動在民間也流行開來。

船員們出海往往很久不能回家，想家了就只能寫封家書。

寫家書！

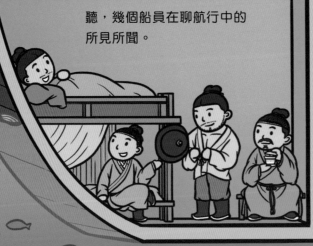

聽，幾個船員在聊航行中的所見所聞。

很多國家羨慕明朝的強盛，專門派使節前來拜訪。

使節們你們好

16

好香啊！原來是船上
的大廚們在做飯。

熏肉很棒！

鄭和等人在研究
地圖，商量下一
步該如何走。

鄭和

這些奇珍異獸都是其他國家
進獻給明朝皇帝的禮物。

瞧見這些寶物了嗎？這可都是皇
帝要送給其他國家的禮物。

# 父子聯手，打造一代盛世

朱棣去世後，他的兒子朱高熾和孫子朱瞻基先後即位。這兩位皇帝在位期間，經濟繁榮，百姓安居樂業，國家呈現出一片繁榮強盛的景象，史稱「仁宣之治」。

## 「三楊」輔政

「三楊」即內閣大學士楊士奇、楊溥（pǔ）、楊榮。這三位大臣為「仁宣之治」立下了汗馬功勞。

## 虛心納諫

朱高熾為了鼓勵大臣們進諫，曾給楊士奇等大臣頒發了印章，讓他們大膽地提出自己的想法。

## 軍隊屯田

仁宣時期很少打仗，因此朝廷便命士兵們種田，收獲的糧食則用來供養軍隊，這樣就節省了不少軍費。

## 平反冤案

朱棣在位期間，曾殺害大批忠於建文帝的大臣，並將他們的家人流放。朱高熾即位後，不但赦免了方孝孺等殉難臣子的部分家屬，還免除了他們的奴隸身份，並歸還沒收的財產。

皇上赦免你們啦！

朱瞻基命人用三百斤重的銅缸扣住朱高煦，然後又命人放木炭點火，活活燒死了朱高煦。

## 平定藩王叛亂

朱瞻基登基後，他的叔叔朱高煦（xù）仍想謀權篡位，結果被朱瞻基打敗，關在牢中。本來朱高煦可以安度餘生，可他在朱瞻基來探望自己時，故意伸腳絆他，惹得朱瞻基龍顏大怒，害得自己丟了性命。

## 改革科舉制度

明朝時期，南方人聰明又刻苦，在考科舉上佔有優勢。為了保證北方人也可以考中，朱高熾就規定了「南六十，北四十」的「錄取」比例。此制度一直沿用到清朝。

南北雜貨商行

布莊行

萬源金銀號

萬金票號

書

典當行

# 跟敵人交朋友的囚徒皇帝

朱祁鎮是個比較特別的皇帝，他做過俘虜、人質和囚徒，連皇位都曾被弟弟霸佔過。可最終，皇位還是回到了他的手中。

## 太監的小算盤

太監王振深受皇帝朱祁鎮的寵信，當強盛的瓦剌（là）部落入侵明朝領土時，他慫恿皇帝御駕親征。他認為只要打了勝仗，自己便是立了大功，到時候還可以炫耀一番。

## 土木之變

朱祁鎮在王振的慫恿下，決定御駕親征。由於明軍接連敗陣，再加上大批士兵在路上病倒甚至餓死，明軍在土木堡全軍覆滅，朱祁鎮也被瓦剌軍俘虜。這一事件史稱「土木之變」。

## 「撿漏」的皇帝

「土木之變」的消息傳到京城後，整個朝堂亂成一團。大臣于謙為了穩定局勢，提出「社稷（jì）為重，君為輕」即國家比君主更重要的口號，擁立朱祁鈺當了皇帝，並尊稱朱祁鎮為太上皇。

保衛京城
給我打

## 奪門之變

朱祁鈺病重後，朱祁鎮在幾位大臣的幫助下，重新當上了皇帝。朱祁鈺自知無力挽回局勢，不久就一命嗚呼了。

## 悲慘的軟禁生活

朱祁鎮被放回後，朱祁鈺並不想歸還皇位，於是他將朱祁鎮囚禁在南宮。朱祁鎮在被囚禁的 7 年裏，徹底與外界斷了聯繫，就連日常用品都是從小窗戶中遞送。他的生活待遇很不好，曾經貴為皇后的錢氏甚至需要通過做針線活來換取食物。

## 被敵人當爺供着的囚徒皇帝

朱祁鎮在瓦剌當囚徒時，憑藉着個人魅力，非但沒有丟掉性命，還與首領的弟弟結下深厚友誼，就連首領也親自來噓寒問暖。

## 北京保衛戰

瓦剌首領以朱祁鎮為人質，率軍一直打到北京城下。于謙臨危受命，率軍多次擊退瓦剌軍的進攻，最終取得了北京保衛戰的勝利。

# 瞧，這些太監好囂張

在中國歷史上，明朝的宦官專權最為嚴重，尤其是東廠和西廠的設立，更是讓宦官的權勢「更上一層樓」。

### 慫恿皇帝御駕親征的王振

王振是朱祁鎮的貼身太監，曾受過良好的教育，很受皇帝倚重。不過他恃寵專權，還慫恿皇帝御駕親征，最後落得個慘死的下場。從這一時期起，明朝拉開了宦官掌管朝中權勢的大幕。

太宗皇帝是朕的榜樣！

陛下如果御駕親征，一定會名留青史！

王振

### 劉瑾，富可敵國的「站皇帝」

劉瑾仗着皇帝的寵信，獨佔朝政，大臣們都不敢反對他。後來皇帝命人抄他家時，竟然搜出來無數的金銀財寶，簡直富可敵國。

據說，有一次皇帝收到揭發劉瑾罪行的匿名信，非常生氣。劉瑾為了查出是誰寫的，竟讓三百多名官員跪到天黑，最後還命錦衣衛把大臣們關進天牢，直到查出不是這些官員所寫，才釋放了他們。

劉瑾

## 天下只知汪太監

汪直在年幼時就進宮當了太監。後來他憑藉自己的才幹，深得萬貴妃寵信，進而得到皇帝朱見深的提拔，逐漸掌管了大權。

掌握好西廠，我就無敵啦！

天天被這些太監監視，太過分了！

汪直

天下不知陛下，只知汪太監啊！

## 阿醜扮醉

據說，有個叫阿醜的官員在宮中裝醉撒酒瘋。有人說皇帝來了，他沒反應；說汪直來了，他立刻逃走了。後來他解釋怕汪直的原因是「現在的人哪裏知道皇帝，只知道汪太監啊」。

全國都在建九千九百歲的生祠！

離萬歲不差幾歲了，野心真大！

魏忠賢

## 頭上戴花的「九千九百歲」

魏忠賢是明末臭名昭著的大太監，人稱「九千九百歲」。魏忠賢的名字裏雖然有忠有賢，但他本人卻跟這兩個字完全不沾邊。他原本是個市井無賴，後來為了躲避債主，才跑到宮裏當太監。他曾長期獨攬朝政，幫兇黨羽遍佈全國，攪得朝廷上下一團糟。

# 這個皇帝真貪玩

朱厚照自幼貪玩，在位期間不僅很少理政，還非常依賴身邊的太監，以致朝廷上下烏煙瘴氣。

你們都給我把皇上哄高興了！

## 玩樂還得組個團

朱厚照還是太子時，身旁有 8 個得力的小太監，號稱「八虎」。他們深知太子喜好玩樂，於是每天變着花樣哄太子，使得東宮變成了一個「百戲場」。

逛街的感覺真不錯！

## 皇宮裏上演市井生活

朱厚照當上皇帝後，玩得越來越離譜。他竟把宮外的市井生活「搬」到了皇宮裏，自己還扮成普通老百姓，令人瞠目結舌。

24

**皇帝當膩了，當個將軍玩玩**

朱厚照還夢想着御駕親征，為此他自降身份，封自己為「威武大將軍」，並改名朱壽，結果還真的打敗了入侵的韃靼（dá dá）軍。

饒命啊！

韃靼小王子，站住！跟我單挑！

**養豬？問過朕的意見沒？**

朱厚照姓朱（與「豬」同音）又屬豬，別人養豬殺豬，他心裏很不舒服，於是頒佈「禁豬令」，誰要是膽敢違抗，就將誰的全家老小發配邊疆。

臣不敢！

朕姓朱，不許你們殺豬！

好好的皇宮，被皇上弄得烏煙瘴氣！

**專供娛樂的豹房**

為了更好地享樂，朱厚照在皇宮內苑建了一座「酒池肉林」──豹房。朱厚照最後死於豹房，結束了自己荒唐的一生。

皇上看來是不行了！

# 嘉靖嘉靖，家家皆淨

我今天非要從這個門進！

不行，這不符合祖制！

這才是我爸爸！

陛下不要任性！

不聽你的！

## 為父母爭尊位

嘉靖剛即位，就為了親生父母的尊號跟大臣們爭執不休，史稱「大禮儀之爭」。

## 倔強的少年天子

朱厚照去世後，身為藩王的朱厚熜繼位，是為嘉靖帝。進宮時，嘉靖不顧反對，堅持要走大明門，而非東華門（東華門是太子進宮時走的門）。嘉靖還說：「我是來當皇帝的，不是來給別人當兒子的！」

給我狠地打！！

## 左順門事件

「大禮儀之爭」最終引發了「左順門事件」。嘉靖狠狠地責打了跪在左順門抗議的大臣們，被懲罰、受牽連的大臣多達數百人。

重蓋就是！別擾亂朕修道！

不好了，奉天、華蓋、謹身三殿着火了！

你們別磨蹭，快點採！

## 修道的皇帝

嘉靖迷信方士，尊崇道教，二十多年沒有上過朝。他還讓宮女們每天早晨都到御花園去採集芭蕉上的露珠，供他飲用，以求長生不老，結果累倒了大批宮女。

海瑞，嘉靖嘉靖，家家皆淨！

## 壬寅宮變

幾個宮女不堪忍受皇帝的折磨，竟趁他睡着後，準備用繩子勒死他。結果宮女們在慌亂中把繩子打成了死結，驚動了侍衛，最後被嘉靖處死。此事件被後人稱為「壬寅宮變」。

## 「家淨皇帝」綽號的由來

嘉靖在位期間，每年宮中都要大量採購蠟燭和香品，再加上重修「三大殿」，百姓遭到了嚴重的剝削，以致家家窮得一乾二淨，因此嘉靖落得個「家淨皇帝」的綽號。

皇帝是個「貓奴」，我們可是他最愛的寵物……

# 患「錢癆」病的大臣

嘉靖年間，嚴嵩把持朝政，大肆搜刮錢財。每當貪污的數額滿一百萬兩時，他就會擺下酒席，熱鬧地慶祝一番。當時城裏的老百姓都認為嚴嵩得了「錢癆」。

### 青詞宰相

嚴嵩 8 歲就能誦讀詩書，還寫得一手好文章，被稱為「神童」。入朝為官後，他因為寫得一手好青詞而深得嘉靖皇帝的歡心，官職也得以不斷晉升。

### 青詞

用紅筆寫在青藤紙上的奏章祝詞，主要供嘉靖帝建立道壇、向太上老君祈福時使用。

### 「大小宰相」

由於嘉靖帝迷信修道不上朝，嚴嵩父子就長期霸佔獨攬着朝政。後來，嚴嵩年老，精力大不如前，朝中大小事務都要跟兒子嚴世蕃商量。因此，人們稱他們為「大小宰相」。

### 以青詞為「護身符」的徐階

和嚴嵩一樣，徐階也是因為寫得一手好青詞而得到嘉靖帝的賞識。面對嚴嵩的多次陷害，他一直隱忍退讓，甚至把孫女嫁到了嚴嵩家，以保平安。

好啦好啦！知道厲害了！

青詞

## 整人有妙招兒

嚴嵩父子作惡多端，很多大臣敢怒卻不敢言。後來，徐階想出來一個妙招兒，他讓道士通過「仙人」之口向皇帝進言，結果嘉靖皇帝果真把「嚴嵩是奸臣」的話聽了進去。

## 一代奸臣倒台

徐階深知，只靠裝神弄鬼的把戲是不能把嚴嵩父子徹底扳倒的，因此他暗示朝中官員趕走嚴世蕃。最終，嘉靖皇帝下旨讓嚴嵩退休回家，將嚴世蕃發配充軍。

## 拿敵人的錢殺敵人

後來，嚴世蕃沒有去服刑，而是偷偷溜回老家繼續作威作福，結果被朝廷捉拿歸案。嚴嵩趕緊送錢給徐階，請他營救。可徐階錢照收，人也照殺。

## 淒涼的晚年

嘉靖皇帝念及舊情，饒了嚴嵩的性命。嚴嵩這時已然一無所有，只好到處流浪乞討，落了個淒涼的下場。

# 朝堂上的一股清流

## 只留清白在人間
于謙為官清廉，致力於為百姓謀福，結果卻被奸臣誣陷，被皇帝以「謀逆罪」處死。

## 「海青天」罷官
海瑞是嘉靖年間出了名的清官，人稱「海青天」。他為人正直，看不慣嘉靖帝成天迷信道教、不理朝政，於是買好棺材後上疏進諫。嘉靖帝非常生氣，但將他罷免入獄後，卻不敢殺他，怕落下殺忠臣的千古罵名。

## 了不起的戚家軍
嘉靖年間，倭寇（即來自日本的海盜）成患。戚繼光帶領着戚家軍挺身而出，先後多次與倭寇作戰，幾乎每次都能以少勝多，最後終於清除了倭患。

戚繼光的「鴛鴦陣」

就叫這個孩子「白圭」好了！

### 張居正的乳名

張居正的曾祖父在張居正出生的時候，曾夢見月亮掉到水缸裏變成白龜浮起來，所以給張居正取乳名為「白圭（guī）」，希望他長大後能夠光宗耀祖。

### 推行「一條鞭法」

後來，張居正當了皇帝的老師，成了掌管大權的首席大學士。他不惜得罪其他權臣，強行推行「一條鞭法」等改革政策，使當時的政治和經濟有所好轉，百姓受惠。

### 清官的盛大葬禮

後來，海瑞一直打擊貪污腐敗。他去世後，家中竟沒有足夠的錢來辦理喪事。悲傷的百姓們披麻戴孝，為他舉行了盛大的送葬儀式。出殯時，南京城裏的店鋪除了布店和畫店，都關門停業，而布店也只賣白布和黑紗，畫店則只賣海瑞的畫像。

### 張居正的結局

張居正死後不久，皇帝就命人抄了他的家，並將其罪狀公之於眾。堂堂名相、一代帝師，最後竟落得個兒子被逼自殺、家人餓死或流放的悲慘下場。

戚繼光抗倭寇。

一條鞭法

# 皇家最「宅」的主兒

萬曆皇帝朱翊鈞是明朝皇帝裏最「宅」的一個。他在位長達 48 年，卻有三十多年的時間沒有上朝。他深居禁宮，貪圖享受，做皇帝做到這份兒上，可真是「宅」到家了。

皇上又沒來上朝！

## 萬曆中興

萬曆皇帝在即位之初，重用張居正，支持他的一系列改革措施，從而換來了經濟的短暫復蘇和繁榮。

皇上，您的小金庫又多了一筆錢！

## 播州之役

兩場大戰結束後，播州的楊應龍又起兵叛亂。萬曆皇帝派二十多萬大軍包圍播州，用了兩年的時間才平定了這場叛亂。

## 愛錢的守財奴

萬曆皇帝特別貪財，為了能夠達到斂財的目的，他常常用各種奇怪的理由讓別人向他進貢錢財，使得百姓怨聲載道。

**「萬曆三大征」**

萬曆皇帝為驅逐倭寇、抵抗侵略者、鎮壓叛亂而發兵朝鮮、寧夏和播州，史稱「萬曆三大征」。

**遠征朝鮮**

寧夏這邊的叛亂剛剛平定，日本那邊又以「朝鮮拒絕攻打明朝」的理由入侵朝鮮。萬曆皇帝派兵遠赴朝鮮作戰，最終取得了勝利。

**寧夏之役**

寧夏副總兵起兵叛亂，萬曆皇帝非常生氣，拒絕和叛賊和談。他調集兵馬，花了五個月的時間，才平定了叛亂。

**皇帝是個好學生**

萬曆皇帝非常尊重張居正，從不直呼其名，而稱其為先生。在得知老師生病後，萬曆皇帝還親自煎藥。張居正為了回報皇上，在政事上更加努力，把國家治理得井井有條。

大人，土地已經清查完畢！

# 京城來了個「洋和尚」

到了明朝中後期，很多傳教士來到中國，其中最有名的是利瑪竇（dòu）。

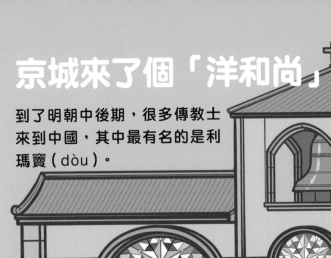

自鳴鐘
一種能按時敲響的鐘

為了更好地融入中國的社會，利瑪竇苦學漢語，研究儒家經典，還穿上士大夫的服裝。他在中國期間，結識了不少官員和有名的社會人士。

利瑪竇深知，要想在中國紮根，就必須得到皇帝的認可。因此他在覲見萬曆皇帝時，呈上了一大堆新鮮的「玩具」，哄得皇帝非常高興。

《坤輿萬國全圖》據傳為利瑪竇所作，後被他當作禮物獻給了萬曆皇帝。此圖標注了新大陸，是國內現存最早的世界地圖。

利瑪竇在中國生活了 28 年，帶來了許多先進的科學知識，使中國人的傳統觀念發生了一定程度的變化。

「西琴」即古鋼琴。

皇帝非常喜歡利瑪竇送的「西琴」，他命 4 名小太監學習，以便演奏給自己聽。

北京天主教南堂
萬曆皇帝賞賜給利瑪竇居住並進行傳教活動的地方，利瑪竇曾在此處建造了北京城內的第一座教堂。

幾何原本

利瑪竇和明朝數學家徐光啟一起翻譯了《幾何原本》，給當時的人們帶來了前所未聞的數學知識。

北京二里溝墳塋（yíng）
埋葬利瑪竇的地方。

# 厲害，明朝的文化

明朝的文化發展迅速，快來看看這些文化人的大作吧！

### 施耐庵與《水滸傳》

《水滸傳》是中國古典四大名著之一。這本書主要講了以宋江為首的 108 個好漢，以除暴安良為己任，卻先後被逼上梁山的故事。

《金瓶梅》有着不可忽視的藝術成就，其作者是蘭陵笑笑生。此書由《水滸傳》中「武松殺嫂」這段故事演化而來，描寫了西門慶罪惡的一生。

魏・曹操

吳・孫權

蜀・劉備

### 羅貫中與《三國演義》

羅貫中寫的這本書是中國古典四大名著之一，裏面講的是在東漢末年群雄混戰、爭奪天下的精彩故事。

### 王陽明與心學

王陽明是明朝傑出的哲學家、文學家、軍事家和政治家，他悟出的心學，後來影響了無數中外名人。

### 《徐霞客遊記》

記錄了明朝地理學家徐霞客多年的旅行見聞。

## 吳承恩與《西遊記》

明朝還有一部被稱為中國古典四大名著之一的小說，那就是吳承恩寫的《西遊記》。此書主要講的是唐僧在孫悟空、豬八戒和沙僧的保護下，歷經九九八十一難，到達西天取得真經的故事。

### 《天工開物》

明朝科學家宋應星所著，被譽為「中國17世紀的工藝百科全書」。

## 湯顯祖與《牡丹亭》

湯顯祖是明朝著名戲曲家，在他的所有作品中，屬《牡丹亭》影響最大。此劇描寫的是杜麗娘與夢裏的書生柳夢梅相戀後，竟化為魂魄去找尋現實中的柳夢梅，人鬼相戀，最後起死回生、有情人終成眷屬的故事。

### 《秋風紈（wán）扇圖》

明朝繪畫大師唐寅（yín）的代表作品。

湯顯祖

## 李時珍與《本草綱目》

李時珍是明朝著名的醫藥學家，他編寫的《本草綱目》被後人稱為「東方醫學巨典」。

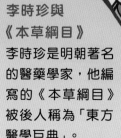

37

# 兩頭受氣的「夾心餅王朝」

## 無法無天的宦官

要說為禍朝廷，就不得不提到魏忠賢。他把持朝政，爪牙遍佈全國，坑害了不少正直幹練的朝中大臣，把國家攪得一團糟。

## 「破壞大戲」上演

明朝末年，一群由江南士大夫組成的東林黨人出現了，他們與以魏忠賢為首的宦官明爭暗鬥，使朝局更加動盪不安，加速了明朝的滅亡。

## 著名的東林書院

東林書院是東林黨人起家的地方，其題聯為：風聲、雨聲、讀書聲，聲聲入耳；家事、國事、天下事，事事關心。

## 風雨飄搖的大明王朝

北方的努爾哈赤建立後金政權，其勢力不斷發展壯大，並與明朝正式決裂。與此同時，國內農民起義不斷爆發，其中以闖王李自成勢力最大。一時間，明朝成了兩頭受氣的「夾心餅王朝」。

「梃（tǐng）擊案」之謎

朱常洛當太子時，曾經有個瘋漢混入東宮，手持棍棒狂打太子。這究竟是太子使的苦肉計，還是爭太子位的人的報復？誰也不知。

震驚朝野的「紅丸案」

在魏忠賢登上政治舞台前，皇宮內早已不太平了。初登皇帝寶座的朱常洛僅僅做了1個月的皇帝，就因服下兩粒紅丸而暴斃。

前朝妃子的霸宮鬧劇

朱常洛去世後，朱由校即位。這時，宮內竟發生了前朝妃子賴在正宮不走的鬧劇，而發生這場鬧劇的根源其實是魏忠賢想讓這位妃子控制年幼的皇帝，以達到自己把持朝政的目的。

薩爾滸之戰

努爾哈赤率領八旗軍在薩爾滸大敗明軍，明朝開始走向衰亡。

# 亡國皇帝才叫拼

### 智除宦官

崇禎帝剛剛即位時，經常賞賜魏忠賢各種禮品，他這樣做是為了穩住宦官集團，好找機會將他們一網打盡。果然，崇禎帝坐穩江山後，立馬鏟除了魏忠賢及其黨羽。

把你們這幫沒用的人都換掉！

罰你去給太祖皇帝守陵！

◎
明

崇禎即位

### 勤政節儉的末代皇帝

末代皇帝大多是因為驕奢淫逸而導致國家滅亡，但崇禎皇帝不是。他為國操勞，在位期間從未有過片刻鬆懈。為減輕財政負擔，他衣服破了也捨不得換，還讓皇后親自織布做飯，可以說是一位勤勉、節儉的好皇帝。

哼，失業了！造反去！

朝廷有令，關停這些驛站！

李自成起義

崇禎自縊

### 李自成起義

明朝末年，農民起義大規模爆發，其中李自成率領的農民軍聲勢最為浩大，也最讓朝廷頭疼。李自成率軍幾經危難，最終攻破北京城，推翻了明朝長達二百多年的統治。

### 崇禎帝自縊

李自成攻破北京城後，心灰意冷的崇禎皇帝在煤山上吊自殺。

吳將軍,你要冷靜呀!

李自成這幫人居然殺了我的家人,霸佔我的愛妾,我要聯合清軍打敗他們!

顧眉生
柳如是
卞玉京
馬湘蘭
寇白門
李香君
董小宛
陳圓圓

## 秦淮八豔

明末清初南京秦淮(huái)河畔的八名青樓女子,又稱「金陵八豔」。

## 沖冠一怒為紅顏

明朝將領吳三桂有個很寵愛的小妾——江南名妓陳圓圓。吳三桂投降李自成後,陳圓圓被李自成的手下搶走。吳三桂勃然大怒,當即背叛李自成,投降清軍,並引清軍入主中原。

吳三桂降清

南明政權

清 ◎

投降吧!

誓與揚州城共存亡!

## 曇花一現的南明政權

明朝滅亡後,一些皇室後裔還未死心,他們在南方成立「南明」政權,試圖將大明王朝延續下去。可這最終只是曇花一現,很快就被清軍消滅了。

## 一代名將的隕落

明朝將領袁崇煥能征善戰,他憑藉着堅固的寧遠城,多次擊退清軍(後金)的進攻,穩住了大局。後來,崇禎帝誤中敵人的詭計,認為袁崇煥要投敵謀反,於是將他處死,此舉等於替敵人拆除了明朝最堅固的一道屏障。

吳……吳三桂你這個逆賊!

# 吃喝玩樂在明朝

投壺

放風箏

盪鞦韆

抽陀螺

鬥蟋蟀

早在明朝就出現了眼鏡。

泥塑

那邊的院子裏很熱鬧。

明朝中期流行聽崑曲。

明朝晚期的經濟
也很繁榮。

今日
牡丹亭

這一時期的民間娛樂方
式非常豐富，有抽陀螺、
放風箏、投壺等遊戲。

明朝人不僅在生活中能玩出新潮流，在軍事方面也能「玩」出新花樣。

虎蹲炮
射擊時，造型很像猛虎蹲坐的樣子。

三眼火銃

神火飛鴉
一種外形類似烏鴉的飛彈

「萬人敵」
一種守城用的大型燃燒式武器。

萬戶
明朝官吏，世界上第一個嘗試利用火箭升空的人。

明朝末期麻將比較流行。

明朝傳入中國的農作物
花生、番薯、玉米。

43

# 安睡吧，在明十三陵

這個陵墓裏只安葬着朱祐樘和張皇后夫妻二人。在妻妾成群的古代，朱祐樘一生只娶了張皇后一人，還真是罕見。

泰陵

乍一看，朱祁鎮的陵墓還真冷清，原來這位皇帝生前廢除了妃嬪殉葬制度。

裕陵

朱高熾的陵墓可真簡樸，真不愧是位宅心仁厚的好皇帝啊。

獻陵

康陵

茂陵

朱見深的陵墓裏少了他生前最寵愛的萬貴妃，想來心裏很不是滋味吧。

慶陵

愛玩的朱厚照這下可孤單了，他的陵墓跟別人的墓離得很遠。不知道他會不會寂寞呢……

朱常洛可真倒霉，當皇帝的時間太短，還沒來得及修陵墓就暴斃了，因此死後只能「住」個「二手房」……

昭陵

定陵

大家好，我是守衛皇陵的神道石像！

這個陵墓可來得不容易……

思陵

萬曆皇帝是摳門，可那絕對不是對自己。你瞧，他的陵墓修得多大、多豪華。

這個陵墓除了安葬了皇帝和后妃，還陪葬着一個太監。

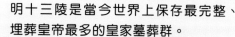

明十三陵是當今世界上保存最完整、
埋葬皇帝最多的皇家墓葬群。

這是十三陵中修建的第一座陵墓，規模也最大。它的主人朱棣曾耗巨資買來金絲楠木來修建它。

長陵

景陵

朱瞻基像他父親，一生恭儉節約，體恤百姓，所以他的陵墓規模很小。

嘉靖皇帝那麼喜歡煉丹修仙，不知他的陵墓裏都陪葬了些甚麼呢？

永陵

德陵

朱由校可是個有才的木匠皇帝，不知他能不能瞧得上這座陵墓的工藝？

爺爺我也是一個人住在別處！

他們都有陵墓，就我沒有！

生氣！我那哥哥竟把我趕出了皇陵！

朱元璋

建文帝

朱祁鈺

明朝總共有16位皇帝，可這裏怎麼只有13座陵墓？原來，朱元璋葬在了南京，建文帝下落不明，朱祁鈺又被廢去了帝號，所以就只有13位皇帝葬在了這裏。

# 世界大事記

1. 14世紀到16世紀的歐洲掀起了一場思想文化運動，湧現出一大批偉大的藝術作品和文學巨著，史稱「文藝復興」。

2. 地圓學說在歐洲很流行，哥倫布也相信此學說，認為從大西洋一直向西航行會到達東方。後來哥倫布率領船隊遠航，於1492年發現了新大陸。

6. 都鐸王朝雖然只存在了120年左右，但它處於英國從封建社會向資本主義社會轉型的關鍵時期，因此它也被稱為英國歷史上的「黃金時期」。

7. 西班牙稱霸海上時，英國海軍迅速崛起，兩國在1588年展開激烈的對決。最後，英國海軍大敗西班牙的無敵艦隊，開始建立海上霸權。

3.1519年～1522年，航海家麥哲倫的船隊進行了人類首次環球航行，證明了地球是圓的。

4.1524年，德國爆發了一次聲勢浩大的農民起義，雖然最後失敗了，但動搖了天主教在德國的統治地位。

5.英國的蘭開斯特家族和約克家族為爭奪王位而混戰。後來蘭開斯特家族的亨利·都鐸奪得王位，建立了都鐸王朝，戰爭也就此結束。

8.1617年，斐迪南成為捷克國王，這遭到了新教徒的強烈反對，並由此引發了捷克人民的反抗鬥爭。第二年，激進分子闖進王宮內，將皇家總督等幾人擲出窗外。

9.接下來，歐洲爆發了一場歷時30年之久的戰爭，幾乎所有歐洲國家都被捲入了這次混戰。

10.到15世紀，隨着美洲大陸被發現、種植園的創建和金銀礦的開採，罪惡的黑奴貿易大肆發展起來，給無數黑人帶來了難以想像的痛苦。

# 明 大事年表

公元 1368 年，朱元璋稱帝，建立明朝。

公元 1399 年～1402 年，靖難之役。

公元 1405 年，鄭和首次下西洋。

公元 1421 年，朱棣遷都北京。

公元 1449 年，土木之變，英宗朱祁鎮被俘。

公元 1581 年，全國推行「一條鞭法」。

公元 1611 年，東林黨爭。

公元 1616 年，努爾哈赤即汗位，建立後金。

公元 1626 年，袁崇煥取得寧遠大捷。

公元 1644 年，崇禎帝朱由檢自縊，明朝滅亡。

注：本書歷代紀元以《現代漢語詞典》（第 7 版）為參考依據。